赢在 最强大脑
凭空消失的凶手

崔钟雷 编著

知识出版社

前言

　　"池塘边的榕树上，知了在声声叫着夏天。操场边的秋千上，只有蝴蝶停在上面。黑板上老师的粉笔还在拼命叽叽喳喳写个不停，等待着下课，等待着放学，等待游戏的童年……"

　　童年，是人一生中最富诗意、最为神秘的一段时光。在那段天真烂漫的时光里，我们对这个美妙的世界充满着无限的好奇与遐想。正如巴尔扎克所说："童年原是一生最美妙的阶段，那时的孩子是一朵花，也是一颗果子，是一片朦朦胧胧的聪明，一种永远不息的活动，一股强烈的欲望。"

　　本套丛书旨在培养儿童的思维创造性，训练思维的扩散性，培养思维的创新性，拓展思维的多样性，造就思维敏捷的天才少年。

　　本套丛书包括两个系列："脑筋急转弯"和"一分钟巧破案"，脑筋急转弯是一种趣味智力游戏，起源于古代印度，其简洁短小的问题暗藏玄机，出人意料的答案妙趣横生。在"脑筋急转弯"系列中，编者精心编选了最有创意的脑筋急转弯问题，让大脑突破原有的思维模式，大胆想象，放飞心灵的翅膀，在广阔无边的思维天空中自由翱翔。在"一分钟巧破案"系列中，编者精心构思了扑朔迷离的案情，五彩缤纷的场景，引导、激励孩子去探索和发现，找出其中的逻辑破绽。本书编者想借"游戏"之舟，进行一次诗意的智力之旅。当然，这里的"诗意"并非"诗词歌赋""琴棋书画"的高雅，而是一种儿童与生俱来的智慧，一种天性的诗意。《赢在最强大脑》为孩子灵性的伸展搭建了一个并不陡峭的高度，拨响了儿童内心诗的琴弦，给孩子更为温馨的诗意浸润。

泰戈尔说："一切教育都是从我们对儿童天性的理解开始的。"儿童是本能的缪斯，立足游戏，用童心的标尺"丈量"生活，以"诗意"的角度发掘生活，打造孩子的诗意童年，孩子灵性的激发便会多一份童心的灿烂，我们的教育教学也会多一份期待已久的诗意飞扬。

赢在最强大脑

令人战栗的乐谱

近日，在迪拉城内发生了一起杀人事件。被害人名叫科尼，是青黎音乐学院的老师。尸体是隔壁邻居发现的。

因为科尼家里放着音乐，直到半夜都没有停止，邻居被吵得不行，就来敲他家的门。门没锁，邻居走进去，然后就发现了躺在地上，胸口插着一

把刀的科尼。邻居赶忙报了警，等警察赶到时，科尼已经死去多时了，死亡时间应该是下午3点到4点之间。

警长凯丽负责此次案件，在案发现场，他们并没有发现陌生人的指纹，也没有打斗的痕迹。但是，凯丽却在科尼身旁发现了一组奇怪的音符，应该是科尼临死前留下的。凯丽觉得这串音符与凶手会有很大的联系，只要弄清这串音符的意义，案子就好办了。

可是这到底是什么意思呢？凯丽百思不得其解。

这天，凯丽和朋友逛街，逛着逛着，凯丽好像突然想起了什么，她对朋友说："玫瑰，你是音乐老师，对音符或乐谱应该很了解吧！"

"当然了，作为音乐老师，这是最基本的要求。"

"那你帮我看看这组音符，看它代表了什么含义。"凯丽把记了音符的纸拿给朋友看。

朋友看了一会儿，然后轻声地哼出了一段音乐。"这是《绿色畅想》里的一段。"朋友回答她说。

　　"《绿色畅想》是什么?"

　　"哦,它是十年前流行一时的一段乐谱。听说作者只是一位音乐老师,就是因为这段乐谱,声望一下提高了好多。"

　　音乐老师?乐谱?那不就是被害的科尼吗?"玫瑰,你知道整个乐谱吗?能不能给我哼一段?"

　　朋友点点头,轻哼出来。凯丽越听越熟悉,这不就是在科尼家听到的音乐吗?那天当他们赶到现场时,科尼家里还放着音乐,就是刚刚玫瑰哼出的

智慧百宝箱

《月光曲》是谁的作品?

　　《月光曲》原名《升C小调钢琴奏鸣曲》,又名《月光奏鸣曲》。创作于1801年,接近于贝多芬创作的成熟期。

那一段。

朋友接着说："不过，听说这段乐谱是那位老师和他的朋友一起创作的，因为那个朋友突然间去世了，所以人们都以为这是那个老师自己单独创作的作品。当然，也不排除谣言的可能。"

凯丽觉得她离案子的真相越来越近了。她对朋友说："抱歉，玫瑰，我得回局里了，非常感谢你给我的提示。"

朋友跺脚佯装生气地说道："又是这样，每次你都放我鸽子！去吧去吧，我们的大侦探，下次你得买巧克力补偿我。"

"好的！"凯丽笑着和朋友说再见。

回到局里，凯丽立即让手下查了关于十年前科尼和他朋友的

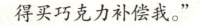

事情。

　　十年前，科尼和法瑞是一对好朋友，他们都是青黎音乐学院的学生。法瑞的爸爸是青黎的校长，所以法瑞算是一个有钱的公子哥。但是法瑞为人亲切，并没有瞧不起穷小子科尼，还和他成了好朋友。在他们大学四年级的时候，两人合力创作出一段乐谱，就是《绿色畅想》。他们觉得这段乐谱会让他们成为现代的贝多芬。为了庆祝，科尼和法瑞去外面喝了很多酒。回来的路上，法瑞开车，车开到一处转弯时，喝醉的法瑞没来得及刹车，与一辆货车相撞了。法瑞当场死亡，而科尼只是断了腿。几个月后，伤病痊愈的科尼把《绿色畅想》发表了出来，这段音乐如他们所想的那样一炮而红，科尼也被称为"天才音乐家"，而逝去的法瑞却无人知晓。

　　看完整个调查，凯丽禁不住想到，难道是因为科尼把名誉都揽在了自己的身上，法瑞的灵魂来报复了吗？呵呵，这听上去也太可笑了。不过，从这些事件和科尼留下的线索来看，事情的关键全都指向了《绿色畅想》。仿佛一切都是因它而起。

凯丽又看了一遍对科尼的调查，突然，她注意到了一个细节。法瑞的爸爸德曼当年是青黎学院的校长，并且现在也是，当科尼成为教师后，他便是科尼的上司，那他应该与科尼很熟悉了。对于科尼独占《绿色畅想》所带来的名誉和金钱，他会有什么想法呢？

想到这儿，凯丽立即让手下调查了德曼在案发当天的行程。结果显示，在案发时，德曼有一大块空白的时间。

于是凯丽找来德曼，对他进行了审问。

"德曼先生，科尼被害那天的下午3点到4点之间，你在哪里？"

德曼说："那天下午我头痛，2点左右我就回家休息了。"

凯丽接着问："有谁能证明吗？"

"我一个人住，没有人能为我作证。不过，那天下午3点半左右，我在家里给我的朋友打过电话，因为我的昙花正好开了，我很高兴，就和朋友一起分享了这个消息。"

凯丽笑了笑，对德曼说："恐怕您的朋友和昙花都不能帮您作证了，您的话处处都是破绽，我看您还是老实交代是如何杀了科尼的吧！"

你知道德曼哪里露出了马脚吗？

真相大白

德曼说下午 3 点半给朋友打电话，说昙花开了。昙花只在夜晚开放，所以说德曼在撒谎。

被撕掉的台历

富豪张亮被人杀死在别墅内，据法医化验，他死于氰化钾中毒。刑警队长老米在勘察现场时，发现昨天的一页台历被撕掉了，老米拿走了台历，仔

细看了看，立即命令助手将被害人的侄子张德带来。经审问，果然是张德为了叔叔的财产，用毒药杀死了叔叔。

请问，老米是如何发现凶手的？

真相大白

张亮在临死前，用圆珠笔在台历上写下了"凶手是张德"的字样，张德后来发现了，便撕掉了这一页，但用圆珠笔写字后，台历的下一页会留下不易觉察的痕迹。

聪明的女仆

梅兹是格莱特家的女仆，她已经在这个家工作 15 年了，对家里每个人的生活习惯都非常了解。

劳拉是这家的女主人，她是个有名的主持人，虽然已经 40 多岁，但看起来就像刚刚结婚的少妇，美丽动人，所以非常受观众喜爱。男主人吉尔德也非常宠爱自己的妻子，甚至比宠孩子更宠她。

马上就要到吉尔德和劳拉的结婚 20 周年纪念日了，吉尔德想在家里办个宴会，请一些亲戚、好友和同事来参加。梅兹知道虽然男主人说请几个人来聚聚，可吉尔德口中的几个人和她认为的几个人完全不一样，他的"几个人"是要装满整个大厅的。

多年如此，梅兹已经完全掌握了这一点，于是，她需要提前好几天就开始准备宴会的东西。她都要烦死了，每到主人请客，她就有做不完的活。她期待着这场宴会早点到来，早点结束。

果然如此，宴会这天，梅兹一个人忙里忙外，把她累坏了。到了晚上11点多，客人们已经吃得差不多了，但是他们还没有要走的意思，梅兹想：你们想聊到什么时候就到什么时候吧，反正我要休息了。

于是，梅兹来到小主人碧尔的房间，看看他是否盖好了被子。到了房间，梅兹为碧尔掖了掖被子，转身看到桌子上的水迹，哦，不，是红酒杯的痕迹，梅兹不禁厌烦地唠叨着："劳拉总是来碧尔的房间喝酒，还总把酒弄到桌子上，告诉过她多少次要在酒杯下垫一个杯垫，仿佛永远都听不懂似的，到头来还得我擦。简直讨厌透了！"

梅兹边唠叨边擦着桌上的水迹，收拾完转身刚要走，又发现碧尔的滑板就靠在阳台的最边缘处，于是，她又转身想把滑板往里面挪一点，如果碧尔不小心踩在了上面，掉下去可不是开玩笑的。梅兹

智慧百宝箱

滑板运动，在 20 世纪 50 年代末 60 年代初由冲浪运动演变而成，属于极限运动的一种。滑板的技巧包括：在滑竿上、在 U 台上、带板起跳，这些技术是除了翻板之外最重要的滑板动作。

把滑板拿到室内以后，又转身去关阳台的窗户。就在不经意间，她看到阳台下的地上躺着一个人，"咦，这不是劳拉吗？她不是在客厅喝酒吗？怎么会在这里？噢，天啊！她好像受伤了。"

梅兹不确定女主人劳拉到底伤得怎么样，就赶紧通知了还在客厅喝酒的吉尔德。梅兹发现这时客厅里的客人已经走得差不多了，只剩下劳拉的同事斯蒂尔，他喜欢喝烈酒，而且喜欢用小杯喝，整晚他都在不停地喝酒，显然他已经喝醉了，可听到劳拉出事的消息，他一下子就清醒了。还有一位是劳拉的下属，本来想劳拉退休后由她接替劳拉的位置，但劳拉一直被观众喜爱，所以她依然没有机会取代劳拉。这样一来，这位年轻的女下属就得一直做劳拉的助手，所以她并不是很喜欢劳拉。大家急忙跑到外面时，发现劳拉的胳膊和腿都被摔断了，陷入了重度昏迷，伤心焦急的吉尔德立刻把太太送往了医院，不管是谁伤害了劳拉，他都不会善罢甘休的。

劳拉和吉尔德的朋友也一起来到了医院，他们都觉得肯定是劳拉在阳台喝酒时，不小心被滑板滑倒掉下去的。吉尔德觉得他们说得也有道理。可就在这时，梅兹突然对在

场的人说道："劳拉不是自己掉下去的，是被人推下去的，这个人就在客厅里。"

梅兹是怎么确定劳拉是被人推下去的呢？推劳拉的人又是谁呢？

真相大白

是斯蒂尔。碧尔房间的滑板是靠在阳台上的，而并不是平放的，因此她不是滑下去的。而且碧尔房间桌子上的酒杯痕迹正是斯蒂尔手里酒杯的大小，正是他在那喝威士忌留下的。

夺命纸片

某省的化学药品有限公司在同行业的竞争中占据绝对优势。但最近，该公司的废水污染河流和土地，当地群众强烈反对并向法院提起了诉讼。本来心脏就不好的总裁为此忧心忡忡。

有一天，这位总裁突然死在他的办公室里。据警方分析，他死于心脏病发作。但警方在总

裁的座椅下发现了一些散落的纸片。秘书的证词使这起案件有了更大的疑点，她说总裁进入办公室以后，过了不久便从里面传出巨大的爆炸声。也就是说总裁也许并非是自然死亡，而是他杀。

那么，你知道事实的真相吗？

真相大白

总裁是因踩了脚下的碎纸片，被爆炸声吓死的。凶手在纸片上涂了一层"三碘化氮"化合物。即便是微弱的冲击也能让"三碘化氮"发出巨大的爆炸声。

停住的时间

　　新人演员张琪凭着一部偶像剧迅速蹿红，因其甜美的外形，被很多人喜爱。张琪也凭着这部剧片酬飞涨，家庭条件一般的她成为了人们口中的"多金女"。张琪最近交了个男朋友，也是一个"多金男"。两人经常出去旅游，十一黄金周的时候，他们又出去旅游了。两人住在一间高级宾馆里，因张琪的身份，他们并没有同住一间房，而是分开住的。但是"十一"订房的人很多，他们订房的时间有点晚了，所以没有订到相邻的两间房。

　　张琪和男友到宾馆的时候已经是晚上了，所以他们吃过晚饭就各自回房间睡了，打算第二天出去好好玩。两人约好第二天早上一起到餐厅吃早饭。

第二天，张琪男友早早来到餐厅，可张琪却迟迟不来。他开始以为是张琪太累了，所以睡过头了。可是等了大概一个钟头，张琪还是没来，打电话也没接，男友便有点担心了。于是，他来到张琪的房间门口，敲了很久的门也没人开。张琪男友又来到宾馆前台询问是否看到张琪外出，前台人员说没有看到。张琪男友没办法，只好回到房间等她。可是眼看着一上午过去了，还是不见人，也没有任何消息。这时，张琪男友接到了一个匿名电话，是从公共电话亭打来的，说张琪现在在他手上，让他准备500万人民币，下午2点送到宾馆后方广场的塑像下，不许报警。

他放下电话后很久才反应过来，原来张琪被人绑架了，罪犯还不许他报警，否则会伤害张琪。他应该怎么办呢，一时间他有点惊慌失措，当他冷静下来后，便想起自己有个做私家侦探的朋友，请他帮忙吧，也不算报警。

于是他赶紧给朋友打了电话，他的朋友叫彭阳。

接到电话的彭阳立刻赶往宾馆。因为没有任何线索，彭阳建议他先按绑匪说的去做，把钱准备好。

案发当天，张琪早早地就起来了，她精心地打扮完，准备和男友一起吃早饭，刚一出门，就被人用喷有迷药的手帕捂住了鼻子和嘴，挣扎几下之后，张琪便没了意识。当她醒过来时，发现自己的手被绑住了，绑得不是很紧，却挣脱不开。她不确定这里是哪里，正左右环顾的时候，绑匪出现了。

"你不用到处看了，没有人能救你，只要你男朋友按我说的把钱给我，就可以把你赎回去。如果他不拿钱，你也别想活着出去。"绑匪威胁张琪说。

绑匪说完这些话，就锁上门出去了。张琪知道自己不可能逃出去，唯一的方法就是通知男朋友来救自己，可是怎么通知呢，连她自己都不知道这是哪里。她仔细观察着这个房间，竟然和自己房间的布置很像，难道这里就是自己昨晚入住的宾馆？她可以确定这不是自己的房间，那么这到底是几号房呢？正琢磨的时候，绑匪回来了，他进来以后，顺手把房卡放在了旁边的桌子上，张琪看到了上面的房间号码。片刻的兴奋过后，她又想到就算知道了房间号码又怎样呢，怎么才能让男朋友知道她就在这个房间呢？

"还有一个小时，两点的时候我只要拿到钱就会放你走的，要是你男朋友不老老实实把钱送来，你应该知道结果会怎么样。"绑匪又威胁着张琪，说完便去了卫生间。

张琪看时间是1：02，她要在2点之前通知男朋友，她突然想到了一个办法。3分钟之后，她用手表在椅子上使劲一撞，表面上的玻璃碎了，里面的表针也因为碰撞停了。这时绑匪出来了。

张琪对他说道："你把我的手表摘下来，这是他送我的，你拿着这表，他就相信我在你手上了，否则他不会相信你，也不会给你钱的。"

绑匪觉得张琪说的有道理，于是将已经损坏的手表用一张报纸包了起来。两点之前，他来到宾馆后方的广场，假装无意，将装有手表的报纸放在了塑像下面。

然后，他便找了个地方躲了起来。还差10分钟到2点的时候，张琪男友和彭阳来到了塑像下面，正准备按绑匪说的把钱放下，这时，他看到了那包报纸。

"啊，这是张琪的手表，怎么会在这里？"张琪男友紧张地叫道。

彭阳却平静地说："让我看看，这表怎么是坏的？"

"不知道啊，昨天我们在一起的时候还好好的，而且这表已经停了。绑匪为什么把手表放在这呢？是不是张琪已经遭遇不测了？"

"应该不是，如果张琪真的遭到不测，绑匪也不会让你知道，这样他就得不到钱了。"彭阳接着分析道，"这极有可能是张琪给你的提示，你看，这上面的时间是 1 点零 5 分，也许跟这个时间有关。"彭阳摸着下巴想了想，突然道："我明白了！"

智慧百宝箱

手表的制作及生产是基于一个简单而机智的发明，那就是"弹簧"。弹簧能够收紧以储存能量，又能慢慢地把能量释放出来，以推动手表内的运行装置及指针，从而显示出时间。

　　彭阳拉着张琪男友往宾馆跑去，成功地救出了

张琪。

　　他们是怎么找到张琪的呢，你知道吗？

真相大白

　　　张琪在 1305 号房间。因为手表停在 13：
05，以此提示男友来 1305 号房间救她。

无心的纵火者

狄龙是一位推理小说家，他写的推理小说一直被读者所喜爱。最近他又在构思一部作品，已经动

手写很久了，但是这几天他总觉得深度不够，仿佛遇到了瓶颈，总是突破不了自己原有的创作模式，所以他常常为此焦急，连吃饭、洗澡、做梦都在构思小说情节。

这天早上，狄龙刚醒来就感觉头昏沉沉的，他又做了一晚上的梦，而且今天他还要参加一场婚礼，他本来不想去的，觉得是浪费时间，还不如在家里写作，但是又觉得没准儿可以找到灵感，所以就决定去看看。

狄龙匆匆洗了澡，擦头发时突然有了灵感，他知道该怎么突破现在的写作模式了。于是，狄龙放下手中的浴巾，点燃一支烟，坐在桌前，因为他今天还要出门，所以不得不先把灵感记下来，回来后再好好整理。

狄龙的桌子上铺着很多他的照片，上面压了一层厚玻璃。他头发上的水珠滴落在玻璃上，狄龙也顾不得擦掉。匆匆写完之后，熄灭了未抽完的烟，穿好衣服，高兴地出门了。

　　下午三点多，参加完婚礼回到家的狄龙震惊地发现，自己房间桌子上的书籍、稿子已经化为一片灰烬。他惊呆了，叫来佣人询问，女佣也很吃惊，怎么会这样？

　　狄龙问："谁来过我的房间？谁点的火？"

　　女佣知道这房间里的东西都是雇主的宝贝，小心翼翼地回答道："狄龙先生，没有人来过你的房间，要是有人来的话，我一定看得见。狄龙先生，会不会是太阳光射进来，点燃了这些东西？"

智慧百宝箱

怎样区别凸透镜和凹透镜呢？

　　触摸法：中间厚边缘薄的是凸透镜，中间薄边缘厚的是凹透镜。放大法：能够使物体放大的是凸透镜，缩小的是凹透镜。

"不可能，虽然现在天气很热，但绝不会是太阳光的问题，那还不足以达到那个温度。"

"那您的桌子上有没有放大镜之类的东西，这样阳光透过凸透镜照到纸上，导致火灾？"

"没有，我从来没有那种东西，不用说了，一定是有人在你干活的时候从窗户进入了我的房间，烧了我的小说和书。这个人太可恶了，那都是我的心血啊！"女仆听得出来，狄龙确实很伤心，他常常废寝忘食地赶稿，那些小说真的是他的生命。可是现在……可是，到底是谁干的呢？不可能有人进来她却看不到啊？

事后的几天，狄龙不眠不休地一直在重写被烧掉的小说，如果不把先前烧掉的再写出来，他就没法继续往下写。赶了几个通宵，终于在一个中午，狄龙把之前被烧掉的部分补全了，心情也好了一些。

狄龙直起身体活动了一下脖子，无意间看到镜子中的自己，被吓了一跳，胡子已经长了老长，脸也好几天没洗了。于是，他决定先洗洗澡。

　　洗完澡的狄龙披着浴巾坐在了桌前，准备欣赏一下自己这几天的成果，这时，头发上的水珠滴在了桌子的玻璃上。他忽然想到：这个情景前几天不是也发生过吗？狄龙明白了，原来自己才是那个纵火者。

　　你知道那场火灾到底是怎么发生的吗？

真相大白

　　水珠滴在玻璃上，相当于一个凸透镜，阳光照射进来，水珠凝聚阳光使玻璃下的照片发生自燃，从而导致了火灾。

机智的韩信

  刘邦手下的大将韩信，智勇双全。最初他并不是直接去投奔刘邦，而是先投奔项羽，因项羽看不起他，才转而投奔刘邦的。

  项羽在叱走韩信以后，在一旁的范增对项羽

说："大王，此人非等闲之辈，此时不为我所用，如若为刘邦所用，后患无穷！"

项羽半信半疑，马上去追韩信，要杀死他。韩信远远看见项羽飞驰而来，便知来者不善，而项羽骑着马，自己又是步行，怎么办呢？最后，韩信略施小计……

项羽跑到一块沙地边，发现了韩信的脚印，恍然大悟："原来这小子从相反方向逃走了！"于是，掉转马头，飞驰而去。

请问，韩信略施何计？

真相大白

韩信是倒着走的。

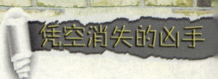

穷人与金币

　　农夫张老汉耕完地，见天还没有黑，决定去集市给家中的老母亲买点鸡蛋。老母亲生病已经半月有余了，因为家里没有足够的钱让母亲去医馆医治，所以只能在小药铺抓点药来缓解母亲的病情。想到母亲被疾病折磨的样子，张老汉心中一阵阵地难受。

　　张老汉来到集市时已经接近傍晚了，小贩们都收拾着铺盖准备关门。张老汉快走了两步，来到一家小商铺门前。"孙小子，还有鸡蛋吗?"

　　小镇不大，大家几乎都认识。孙小子见是张老汉，便停下手中的活计回答道："张老伯，今天回来得早呀。鸡蛋还剩四五个了，算你 5 文钱好了。"说完，孙小子帮张老汉把鸡蛋包了起来。

　　张老汉拿好鸡蛋，向孙小子道了谢后往家走去。天渐渐黑了下来，张老汉加快了步伐，想快点回家给母亲做饭。突然，不知踩到了什么，脚下没站稳，张老汉摔倒了，同时，手里的鸡蛋也摔在了地上。顾不得身上的伤，他赶紧去看口袋里的鸡蛋。只见仅有的几个鸡蛋都碎了，就这样浪费了 5 文钱，张老汉沮丧不已。

　　张老汉想看看是什么绊倒了自己，于是回头去找，结果发现了一个袋子。他捡起袋子，感觉它有一定的重量，用手掂了掂，里面发出东西碰撞的声响。他将袋子打开一看，里面竟然装着大约有 10 两的银子。张老汉很吃惊，在摔碎了鸡蛋后，居然捡到了一袋银子，而且还这么多，难道是老天爷开眼，赏赐他的么？

　　张老汉的心情由阴转晴，想着用这笔钱先给母亲治病，然后再买些好吃的给母亲补补身子……可想着想着，张老汉就想不下去了。因为他知道这银子不属于自己，丢银子的人现在一定很着急。虽然自己很穷，但是打小母亲就跟他说，做人无论高低贵贱，最重要的是要心干净，手干净，只要不是自己的东西，就不能昧着良心留下。张老汉看了看手中的银子，最后决定第二天把银子送到官府去，让官府把银子还给失主。

第二天一大早，张老汉就把钱袋送到了官府。县令让张老汉等一等，他觉得应该让失主对张老汉说声谢谢。失物招领的布告一发出，很快，失主就

智慧百宝箱

怎样鉴别白银和铂金？

通过辨别印鉴：首饰产品按国家标准，都要打上印鉴及其纯度的标记。如首饰上有"PT"或者"PLATNUM"或"PLAT"字样，则是铂金，如首饰上有"S"或者"SILVER"字样，则是白银。

赶到了官府，原来银子是当地财主——富百金的。县令把钱袋递给他，富百金连忙感谢县令。

县令说："不用谢我，你该谢谢张老汉，是他捡到了你的钱袋。"

张老汉不好意思地摆了摆手，连忙说不用不用。

富百金平时就看不起穷人，一看是张老汉，眼里充满不屑。"咳，谢谢！"

县令知道富百金为人吝啬，于是故意说："张老汉虽穷，但是捡到钱后，还是归还了失主，很值得称赞啊。我说富百金，你是咱们这的大财主，这点钱对于你来说应该是九牛一毛，我看不如把这钱的一半赏给张老汉，正好让他回去给老母亲治病。这样，你也挂上了一个善心的名头，两全其美的事，我看不错啊！"

既然县令发话了，富百金当然不敢说什么，不然就会显得自己很小气。可是吝啬的他不想让张老汉这么容易就得到钱，于是他动起了歪脑筋。"哈哈哈，县令大人的话很有道理，别说一半，就是全都给张老汉又如何！"说着，富百金打开了钱袋。可是他没有把钱拿出来，反而皱着眉头，神色怪异地看着手中的钱。

县令不解地问："怎么了？"

富百金说："县令大人，不对呀，我这钱袋里明明是 12 两银子，这怎么才 10 两啊？"说完，还有意无意地看了看张老汉。

张老汉一听，也很惊讶，他大声解释说："就是 10 两啊，我捡到的时候里面就只有 10 两银子，您是不是记错了？"

县令大人也让富百金再仔细想想。

富百金咬定说："就是 12 两，昨天我买完东西，特意数了一下口袋里的钱，我记得很清楚，就是 12 两。张老汉，是不是你拿了钱？如果是要给你母亲治病才拿了钱，我就不追究了，你承认了就好。"

张老汉满脸通红，感觉很委屈，怎么帮别人捡回了钱，反倒成了拿钱的贼。张老汉扭头对县令说："大人，我真的没拿钱，虽然我母亲病得很重，但是我绝对不会偷拿别人的钱去花。有没有赏钱我不在乎，但是请您为小人做主，还小人清白。"

县令没有说话，而是看着富百金手中的钱袋思考了一阵。过了一会儿，县令问道："张老汉，你确实没拿里面的钱吗？"

"小人绝对没拿！"

县令又问富百金："富百金，你也确定钱袋里一定是 12 两吗？"

富百金说："我确定！"

县令点点头，接着，他把富百金手里的钱袋拿了过来，然后递给了张老汉。"这钱你拿回家吧，回去等失主来取。"

张老汉惊讶地看着他，富百金也用诧异的眼神看着县令。"大人，为什么把我的钱给他？"

县令说："你的钱是 12 两，很明显这个 10 两的钱不是你的。"

富百金一下子就没有话说了。

你知道县令为什么判定张老汉没有偷拿钱吗？

真相大白

张老汉如果拿了里面的钱，就可以全部都拿走，不找失主。而他没有这样做，说明他是个诚实的人。

　　纽约一家大型珠宝行刚刚购进了一款钻石，无论做工还是样式，都很独特新颖。但是见过这件宝贝的人不是很多，珠宝行的老板也不会轻易让人看到这件宝贝，他觉得有点神秘感，这件宝贝的价值会更高。果不其然，很多商界大亨都觊觎这颗钻石，想买来收藏或者送给太太。但是还没等珠宝行的老板喊出价格，这件宝贝就不翼而飞了，珠宝行的老板非常气愤，他很难接受这个事实，并迅速报了警。

　　接到报警的张警官来到珠宝店，仔细检查了原来摆放这款钻石的独立柜台。周

智慧百宝箱

　　小白鼠为杂食性动物，可供利用的饲料很多。但是作为实验动物饲养的，会针对它的生长发育阶段制定合理的日粮标准。一般，健康的小白鼠可以存活 18 个月到 20 个月，最长的可以活两年半。

围的玻璃装置并没有损坏，也没有发现可疑的指纹，那么盗窃犯是怎样把钻石偷走的呢？摆放这款钻石的柜台设计很独特，也很严密，如果没有钥匙是很难被打开的，那么盗窃犯是如何取走钻石的呢？

　　当张警官再次检查这个柜台时，发现在玻璃板的连接处，有一个很小的洞，洞口有一根很细的毛，经检测，那是一种动物的毛，这种动物就是小白鼠。

　　张警官掌握的线索只有这些，可是这些根本不足以破案。无奈，张警官只好暂时搁置了这件案子。

大概一个月以后，张警官在家看电视，电视上正演一部警匪片，剧中的警察用引蛇出洞这一招成功抓获了凶手。这个剧情给了他启示："既然我找不到那个盗窃犯，我可以让他自己出来啊！"

于是，张警官联系到电视台，希望电视台可以协助警方破案。于是，在第二天的早间新闻和午间新闻中都播放了一条新闻："经过近一个月的时间，市中心大型珠宝行的钻石被盗案已成功破获，盗窃犯已落网，将接受法律的制裁。"

过了两天，张警官又以一个富商的名义发了一则求助信息：

家传金戒指不慎落入床柜的最底层，因床柜与地面是镶嵌在一起的，和上层不相通，只有一个小洞，人手根本无法从洞中取出戒指，若有人能不撬开搁板就取出金戒指，将有重金酬谢。

这则消息发布后，陆续有人联系说能做到，但大多数人都是想碰碰运气，如果碰巧取出了金戒指，就可以得到一大笔赏金，但是很不幸，他们都没有成功。

大概过了三四天，有一个绅士打扮的人上门，说是有办法取出戒指。张警官假装很着急地让他赶紧试试。只见他不慌不忙地拿出一个蒙着布的小笼子，掀开布以后，张警官看见里面是一只小白鼠，绅士模样的人告诉张警官这是一只经过严格训练的小白鼠，专门帮助自己从小洞、小缝隙中取东西。这时，张警官亮出证件，以盗窃钻石罪逮捕了他。

张警官是怎样确定他就是钻石盗窃犯的呢？

真相大白

因为他就是利用经过训练的小白鼠窃取了钻石，与当初在钻石柜台发现的小白鼠毛相吻合，所以他就是盗窃犯。

职业对号

    并排站着三个人。左边是A，右边的是C，中间是B。他们三人中的一个当工人，一个上大学，一个参军。现在有三个条件，根据这三个条件，请

你确定他们的身份。

①B 的年纪大于战士的年纪；

②学生的年纪小于 C 的年纪；

③A 的年纪不等于学生的年纪。

真相大白

从条件②可判定 C 不是学生，③判定 A 也不是学生，因此 B 是学生。再从①知道 B 的年纪＞战士的年纪，由②知道 C 的年纪＞学生的年纪，已知 B 是学生，所以年纪顺序是：C＞B（学生）＞战士，由此可知 A 是战士，C 是工人。

换 脸

　　崔西在美国最大的影视基地好莱坞工作，她是那里的化妆师，手艺非凡。很多获过奖的电影人物所化的妆，都出自她那双灵巧的手。可能你觉得电影里面的那个女人很漂亮，但实际上他是个男人；也许你会觉得电影里那个老人很可怜，但扮演他的人却是一个身强力壮的小伙子。崔西的技术就是这么精湛，也正因为如此，她的名声享誉美国。

　　这天晚上，崔西做完工作回到家。累了一整天，她决定给自己煮一杯牛奶，然后好好休息一下。正当她把牛奶倒进杯子里时，一个女人的声音出现在她的背后。

　　"别动！"接着，崔西感觉有什么东西顶在了她的腰上，"也别想大叫，不然就一枪崩了你。现在按我说的，手举起来，慢慢转过身来。"

崔西举起双手，慢慢地转了身，她看见一个皱紧眉头的女人站在自己的面前。她穿着黑色风衣，手上带着黑色皮手套，看上去就像电影里面的女特工。那个人把枪指向崔西的头，凶狠地说："现在，把你所有的化妆工具拿出来，然后给我化个妆，一定要和我现在的样子有很大的差别，不能让别人认出我。"

智慧百宝箱

据说画眉之风起于战国，在还没有特定的画眉材料之前，妇女用柳枝烧焦后涂在眉毛上。从文献记载来看，最早的画眉材料是黛，黛是一种黑色矿物，也称"石黛"。

崔西点点头，随后进入了工作室，拿出了自己的化妆工具，整个过程，那个女人一直拿着枪跟在她的背后。

崔西把工具全部摆好，然后看着黑衣女人问道："我不知道你想要的差别是多大程度，可不可以给我一个例子，然后我才能画出来。"

女人嘲讽道："你不是知名化妆师吗，怎么，没有范例就化不出来了，看来你也是名不符实啊！"

"因为平时我都是给电影人物化妆，剧本上会有要求。"

女人不耐烦道："行了，那你就把我化成一个男人吧，他们绝对想不到我会变成男人！"

崔西按女人的要求，开始给她化妆。崔西看她的样子并不像是穷凶极恶的歹徒，从她的穿着来看，更像是电影里的女间谍。过了一会儿，崔西看她慢慢放松了警惕，于是用闲聊的语气说："我看你不像是歹徒，是有什么坏人在追你吗？"

女人睁开眼，盯了崔西一会儿，然后闭上眼睛说道："哼，反正东西已经拿到手了，我也不怕对别人讲出来。我确实不是那些低水平的强盗歹徒。我是一个间谍，负责把一份文件带回总部。呵呵，没想到这么容易就被我拿到了！"女人边说边露出骄傲的表情。

崔西听完，心里十分震惊。看来还真被她猜对了，这个女人是个间谍，她一定是偷了某样非常重要的机密文件。电影里经常会演，某个间谍把重要文件偷走，而文件的内容大都会对国家造成极大的威胁。不知道这个女人偷的文件是不是也是这样。崔西内心很乱，既因为自己的生命受到威胁，还有对那份文件的担忧。

崔西一边化妆，一边绞尽脑汁地想办法。这

时，她突然看到了茶几上的报纸，正面是一条通缉罪犯的新闻。

有办法了！崔西让自己镇定下来，开始认真给女间谍化妆，趁他不注意还会偷看几眼报纸，崔西甚至觉得自己比工作时还要认真。

1个小时后，女间谍的妆化好了，此时，"她"已经变成了"他"。女间谍拿起镜子，刚看到镜中的自己还吓了一跳，随后又笑了起来。女间谍放下镜子，对崔西说："虽然这张脸看上去有些凶恶，不过大化妆师的手艺确实不错，我收回刚才说的话。"

崔西只是看着她，没有说什么。

女间谍把枪收了起来，然后对崔西说："今天我心情好，所以你很幸运，我决定不杀你。不过，为了我的安全，还要委屈你一下。"说完，女间谍拿出一捆绳子，把崔西绑了起来，最后还把她的嘴用布塞上了。

不久，警察赶到了，他们赶紧给崔西松了绑。崔西刚一拿下塞在嘴里的布，就问道："你们抓到

那个女间谍了吗?"

警长微笑着说:"您不用担心,我们已经把她抓住了。还要感谢您给她化的妆,不然我们不会这么容易就抓到她。"

你知道崔西给女间谍化了什么妆吗?

真相大白

崔西看见报纸上的男通缉犯,于是就给女间谍化了那个通缉犯的脸。

一根雪茄

希特尔先生是一家 IT 集团的总裁助理，刚刚被公司派往澳洲，管理刚成立的分公司。刚到澳洲的希特尔先生对这里的生活适应得还算快。

有一天，他忙完手头的工作便来到一家剧院，他事先让秘书定了二楼的包房，因为他约朋友在这

里见面。他们约定的时间是晚上六点，可是现在已经六点半了，朋友还没来，说是有点事耽搁了，还要半小时才会到。没办法，希特尔只好等，幸好今天晚上没有事。于是他便在包房里悠闲地等待着朋友的到来。这时，一个年轻的女人闯入希特尔的包房，希特尔开始以为她只是走错了，可是年轻女人进来后并没有要出去的意思，而是反手锁上了包房的门。她慢慢走近希特尔，希特尔发现这个女人长得非常美丽，穿着也很性感，不过她的眼神却很犀利。只见她冲希特尔笑了一下，说道："亲爱的先生，如果你不把你的钱包和其他值钱的东西给我，我会立刻脱掉身上的衣服，告诉剧院里的所有人，说你企图强暴我，到时你无论如何也说不清楚，即使你按报警器也是白费，我脱掉衣服只是一瞬间的事情。"

"小姐，请别这样，可以容我想几分钟吗？"希特尔带着乞求的语气说。

"好吧，给你几分钟，但是结果都是一样的，

智慧百宝箱

雪茄，是香烟的一种，是由干燥及经过发酵的烟草卷成的香烟。古巴生产的雪茄被认为是极品，其他的主要生产国还有巴西、喀麦隆、多米尼加共和国、洪都拉斯、印尼、墨西哥、尼加拉瓜和美国等。

你要是不想以强奸犯的罪名被警察带走的话，还是乖乖地把钱拿出来吧。"女人很自信地说。

希特尔先生不慌不忙地点燃了一根雪茄，慢慢抽起来，还假装思索的样子。大概三四分钟之后，雪茄上的烟灰已经很长。可希特尔还是没有掏出钱包，而是伸手按下了门后的报警器，女人见状，非常生气，转而迅速地脱掉了衣服，趴到了包房的沙发上。剧院的保安赶到时，只见一个衣衫不整的女人半躺在沙发上，又哭又闹，说希特尔先生几分钟之前企图强暴她。希特尔先生并没有说话，手里的雪茄还在冒着烟。保安看了一眼希特尔先生，并注意到了他手里的雪茄，转头对那个女人说：

"小姐，请先把衣服穿好，跟我们走一趟吧。你为什么撒谎，希特尔先生并没有企图强暴你，你又为什么这样做呢？"

保安是怎么确定这个女人在撒谎的呢？

真相大白

女人说几分钟之前希特尔企图强暴她，可希特尔手里的雪茄上有很长一段烟灰，显然希特尔先生一直在抽烟，不可能对女人做什么。

"中大奖者"

一个寒风凛冽的早晨，一些在公园里晨练的人仍然在坚持锻炼身体。正在这个时候，一个蓬头垢面的人打开了一瓶可乐，惊呼中了大奖，并有意以

适当的价格出售此瓶可乐，旁边的人纷纷围过来看究竟是怎么回事。这时，有个人提出要买这瓶中奖的可乐，当然比起所得的奖金要低得多了，周围也有几个人跃跃欲试。

这时，一个警察走过来，仔细看了看，然后对中奖的人说："快收起你的这套把戏吧！老实一点儿，跟我到公安局走一趟。"

为什么警察一眼就看出这个人是骗子？

真相大白

因为按常理来看，那么冷的天气，一般人不可能喝这种饮料。另外，他竟以如此低的价格卖出，说明其中一定有诈。

消失的踪迹

　　老乔是位退伍老军人，早年在部队时腿上受过伤，年轻时不明显，随着年纪越来越大，腿上的伤越来越严重，只得退伍在家修养。可老乔是个闲不住的人，于是便开了个小超市，生意还不错。用老乔自己的话说就是"既让自己有事做，还减轻了国家的负担，省得白白养着我这个老头子"。

　　每天晚上，无论超市多晚关门，老乔都会整理好这一天的账目。昨天晚上，老乔像往常一样算好一天的收入，一共是 2 千元，数好以后，他就把这些钱都放入了保险柜中，老乔每天都检查好几遍保险柜，以防自己忘记锁上。昨天晚上也不例外，他确保没问题才离开超市，回家休息。

晚上下了一夜的雪，早上才停下来。老乔吃完早饭准备去超市，一出门看见外面积了厚厚的一层雪。这样的天气，大家显然都不愿意早起，也不愿意出门，因为雪地上连一串脚印都没有。

老乔自言自语道："今天的生意可能不会太好啦！"他走进超市时，眼前的一幕令他难以置信，架子上的货物被翻得乱七八糟，保险柜也被撬开了，里面的钱全部不见了，那是老乔的心血啊。虽然事出突然，自己的养老钱不见了，但老乔毕竟是军人出身，心理素质很好，他很快镇静下来，打了个报警电话。

不大一会儿，警察就到了，老乔把基本情况跟警察说了一遍。警察检查了一下老乔的超市。门没有被撬过的痕迹，但是后窗的钢筋被铰断了，而且后窗的窗台上有脚印。显然，盗贼是从这里进来，拿了钱又从这里逃走的。可是从后窗向外望去，是一层厚厚的积雪，根本没有脚印。据此推断，盗贼应该是昨天晚上作的案，一夜的雪已经掩盖了他的

脚印。

"老乔师傅，最近有什么奇怪的人总来店里，或者你最近得罪了什么人吗？"警察例行公事地问道。

"没有啊，我一个老头子，还能跟谁过不去啊？"老乔想了想又说道，"啊，不对，有一个人，就是不远处那层阁楼的主人，常常来店里买东西，跟我也算认识，是个单身的中年男人。但是他叫什么我不知道，他挺奇怪，从不愿被人问他的事，就连叫什么都不愿意透漏，我想反正人家是来我这花

智慧百宝箱

降雪分为小雪、中雪、大雪和暴雪四个等级。小雪：0.1~2.4毫米/天；中雪：2.5~4.9毫米/天；大雪：5.0~9.9毫米/天；暴雪：大于等于10毫米/天。

钱的，不说就不说吧。但是前天他来店里找我借钱，说有急用，周转一下，回头就给我。本来想借他，可他借的数目有点大，我当时手头没有那么多，就没借成。可他觉得是我不愿意借给他，气冲冲地走了。"

"老乔，带我们去他家看一看吧？"

"好的。"说着老乔就带着警察就来到了这个可疑男子的家门口。

"警察同志，大清早的，有什么事吗？我可是个守法公民。"刚开门的中年男子没等警察问话，就自顾自地说道。

"我们来调查一宗超市盗窃案，先说说你昨天晚上到今天早上都在哪里，干了什么吧？"警察严肃地说。

"我昨天早上在市中心的一家酒吧里喝酒，一直喝到今天早上才回家，刚想睡觉，你们就来敲门了。"

警察朝去往市中心的那条路看了看，接着问道：

"自己喝酒吗？有人能证明你昨天去喝酒了吗？"

"没有，我是一个单身男人，朋友也不多，自己喝酒很正常吧！"

"尽管你说的很在理，但是你不得不承认你刚才在对我们撒谎，我现在要逮捕你，并要搜查你的家。"

果然，警察在他的房间里搜出了一沓沓的钞票，正是老乔昨天晚上一摞一摞分好的。

警察是怎么确定这个中年男子就是老乔超市的盗窃犯呢？

真相大白

夜里一直在下雪，他说早上才从市中心回来，那么地上应该会有脚印，但是雪地上却很平整，说明他在撒谎。

失火案

　　深夜，海潮大厦失火，118 房间里浓烟滚滚，住在同一间套房里的赵小姐逃了出来，龙小姐却不幸地遇难了。

　　验尸后发现，龙小姐在起火前已经被刀刺中心脏而死。而且警方还在她的房间里发现了一个定时引火装置。

　　赵小姐接受审问时说："我因为有点儿事很晚才回去，看到龙小姐已经睡了，就回自己房间里休息，刚刚睡下，便感觉胸闷，我醒了过来，然后发现四周弥漫着烟雾，我急忙大声喊龙小姐，然后向室外跑，我以为她跟在后面。"

警察又找到平素与龙小姐不合的汤先生。

汤先生说："也难怪你们怀疑，我还收到一封恐吓信呢。"

他拿出一封信来，上面写着："我知道你是刺杀龙小姐的凶手，如果不想被人知道，必须在6月1日下午6时，带10万现款，到××车站的入口前。"这时，离案发时间只有3小时。

聪明的警察立刻发现了凶手。你知道凶手是谁吗？

真相大白

汤先生。在案发后 3 小时，只有真正的凶手才知道龙小姐是被刺杀的。汤先生过早地拿出这封信，恰好暴露出自己是真凶。

没有强盗的抢劫案

　　侦探福尔曼正坐在自己家的餐桌边，最近一件案子搞得他连吃饭都没有胃口了。电视上正在播放早间新闻，"一名被判无期徒刑的杀人犯帕罗克，于一个月前越狱，越狱时造成狱警一死两伤，逃犯帕罗克身穿蓝色大衣，大衣后面有束腰的腰带，身高 1.80米左右。"这条新闻说的正是他手头的这件案子。

　　本以为逃出去的帕罗克会找个地方暂避风头，可是他却在一个月内接连犯了六起案件。本来就不大的城市一时间被搞得人心惶惶。福尔曼和同事一个月来为了这个案子手忙脚乱，可还是没抓住这个可恶的帕罗克。

　　真是一波未平一波又起，还没吃完饭，福尔曼就接到报警电话，一家食品店遭到抢劫，好在并没有出人命。

福尔曼急忙赶到了出事的食品店，报警的是食品店老板之一克莱。据克莱说，这家店是他和朋友约瑟夫一起投资开的，"这两天约瑟夫不在店里，结果店里就出了事，回来还不知道怎么跟约瑟夫说呢！"克莱一脸的苦恼。

"克莱先生，还是先跟我说说劫匪的样子吧。"福尔曼说道。

"警官，我确定那个劫匪就是你们正在通缉的在逃犯帕罗克。"克莱肯定地说。

"你怎么知道是帕罗克呢？他穿什么样的衣服，外貌特征能描述一下吗？"福尔曼有些怀疑地问道。

"我看见他大概有 1.80 米，穿着一件蓝色的大衣，而且大衣的后面也像新闻上报的，有条束腰的带子。至于外貌，因为他一进门就用枪指着我，他的脸背对着阳光，所以我看不清他的脸。后来他又让我双手抱着头，面对墙壁站着，就这样，他把店

里的钱都拿走了。"

克莱说完之后，福尔曼没有再问什么，只是在店里四处查看了一番。这时，他看到了墙上的电视，忽然头脑中就出现了早上吃饭时听到的新闻里播放的关于在逃犯帕罗克的描述，克莱说的和新闻里的一模一样，不多也不少。

"原来是这样！克莱对我撒了谎。"福尔曼好像明白了什么似的，他又找到克莱，问道："为什么对我撒谎，你根本就没见过帕罗克，这店里根本就

智慧百宝箱

无期徒刑是介于有期徒刑和死刑之间的一种刑罚。无期徒刑是剥夺犯罪分子的终身自由，并强制劳动改造的刑罚方法。无期徒刑的刑期是从判决宣判之日起，判决宣判前先行羁押的日期不能折抵刑期。

没来过什么劫匪，说说吧，你为什么这样做?"

克莱还想否认，可是福尔曼指出他的破绽后，克莱不得不承认是自己撒了谎。其实那些钱是他自己私吞了，他想独自占有这笔钱，碰巧朋友约瑟夫这几天不在店里，他就用在逃犯帕罗克做挡箭牌，骗过约瑟夫，他以为自己这样做很高明。

你知道福尔曼是怎样确定克莱在撒谎的吗?

真相大白

克莱说帕罗克进门面对着他，后来又让他面墙而站，整个过程克莱不可能看到帕罗克大衣后面的腰带，显然他是根据电视的描述说的，所以他是在撒谎。

巧妙的设计

　　刘典做直隶州知州的时候，州民张大为的叔叔从外地给他写了一封信，要他带上钱去做生意，其实叔叔是要设计谋取张大为的钱财。张大为中了计，他走到中途时，叔叔和盗贼杀了他，带着他的钱逃跑了。张大为的妻子告了官。刘典拿着张大为妻子送上来的张大为叔叔写的书信，正想着该怎么办，忽然他闻到信纸上有淡淡的香灰味，这说明信很有可能是在寺院中写的。于是第二天，刘典设了巧计，在附近的一个寺院里找到了张大为的叔叔。棍杖之下，他终于吐露出实情。

请问：刘典设的巧计是什么？

真相大白

刘典把附近的僧人都聚集起来，让他们写经文。从而发现一个和尚的字迹和张大为的妻子交上来的书信上的字迹很相似，于是让张大为的妻子派一个仆人去指认，果然抓到了张大为的叔叔。

雨后的花园

　　哈里夫人是一个家庭主妇，嫁给哈里以后，就没有出去工作过，除了照顾孩子以外，她所有的时间都花在了养花养草上。拥有一个小花园是她一直以来的梦想，为了完成她的梦想，哈里特意在自家房屋的后面开辟了一小块地，围上栅栏，专供太太养花，几年下来，这里真的像一个小花园了。

　　哈里夫人在小花园里种了许多种类的花，还在四周的栅栏上养了许多盆栽。这里是哈里夫人的天堂，即使一天的时间都在这里，哈里夫人也不会觉得腻，这个小花园倾注了她太多的心血。每天早上起来，哈里夫人做的第一件事不是为丈夫和孩子做早餐，而是来到花园里与她的那些花儿说早上好。

这天早上，哈里夫人像平时一样早早地起了床，昨夜下了一夜的雨，早上才停，哈里夫人想到她的那些宝贝们被雨滴滋润后的姿态就异常兴奋。可是，当她来到花园的时候，眼前的一幕让她不敢相信，她揉了揉自己的眼睛，睁开眼看到的仍旧是一片狼藉。花园里的盆栽都被打碎了，被践踏的花草和泥土混合在一起，美丽的花园一夜间变得不堪入目。哈里夫人先是愤怒，极度的愤怒，可看着眼前不复存在的花园，她伤心地哭了起来。

听到哭声的哈里赶紧来到花园，想知道究竟发生了什么事，看到眼前的景象，哈里也吓了一跳。他知道妻子一定会很伤心，他也无能为力，但也只好安慰妻子说："不要太难过了，可能是流浪的猫

狗进来弄的……"

"不可能是猫狗弄的，就是她，我知道就是她，那个可恶的女人，自己不会养花，就嫉妒我，一定是她破坏了我的花园，我要去找她算账！"哈里夫人不等哈里说完就气冲冲地奔向邻居格林夫人家。哈里

也急忙跟了过去。

　　哈里夫人气冲冲地敲着格林夫人家的门，在这样寂静的雨后清晨，敲门声显得格外刺耳。开门的正是格林夫人，哈里夫人一见到她，更加生气了。

　　"是不是你毁了我的花园，一定是你，你这个坏女人。"哈里夫人实在压制不住自己内心的怒火，说话的声音也颤抖起来。

　　"哈里太太，您怎么能大清早就跑来我家污蔑我，我从没有对你的那个花园做过什么，昨天夜里一直在下雨，这样的鬼天气，我是不会出门的，我从昨天开始下雨时就一直在家，哪也没去，更别说是你的花园了。"格林夫人极力否认。

　　这时，哈里先生从门口往格林夫人的家里面看了一下，说道："格林夫人，就是你毁了我太太的花园，为什么要撒谎呢，我想我们还是到警察局解决吧。"

　　"为什么你们就认定是我破坏了你们的花园呢，有证据吗？"格林夫人依然不承认。

　　"证据在那。"哈里边说着边指向格林夫人家里的一个角落。

　　这下格林夫人无话可说了，只好承认是因为嫉妒哈里太太才去破坏花园的。

　　哈里先生看到了什么才认定就是格林夫人破坏的花园呢？

真相大白

　　哈里看到了角落里的雨伞，雨伞下面的地面上有一滩水迹，雨伞上还有水珠。显然格林夫人说没有出去过是在撒谎。

在一幢被树林环绕的别墅中，一位老人孤独地死去了，死因是服用过量的安眠药。警察在现场发现了一封写得很潦草的遗书，由此可以断定是服毒自杀。

尸体是被死者生前的友人发现的，友人说他们好几年没见了，忽然想来看看朋友。

房后有很多鸟笼，一群小鸟不知主人已死，仍在快乐地歌唱。

"这位老人一直到三年前，仍是爱鸟协会的会长。"

刑警听了死者友人的话后，立刻就肯定地说："既然是这样，这必然是他杀，遗书也一定是伪造的。"

警察为什么这么说呢？他是怎么判断出来的？

真相大白

他是看到鸟笼才判断出来的。鸟笼中还关着小鸟，老人是爱鸟之人，如果他想自杀，一定会把小鸟放掉，而不是让小鸟随自己一同死亡。所以刑警才判断这是他杀。

闹钟里的秘密

　　富豪布朗先生已经70多岁了，他有两个儿子，大儿子是个律师，年少有为。而二儿子却是个败家子，游手好闲，每天吃喝玩乐。老布朗先生一直视大儿子为自己的骄傲，出席大型场合的时候，总喜欢带着大儿子，到处炫耀自己的教子方式，而二儿子，他甚至都不愿意提起。布朗先生年事已高，一直想让大儿子接自己的班，可大儿子总说自己不喜欢。退休的事就这样一直被搁置。

　　近来布朗先生的身体越来越差，精神也不如以前好了，所以大部分时间都在家里休息。于是，大儿子找到弟弟，说想给父亲找个照顾他的人，现在家里的佣人都不是很贴心，年纪也都很大了。二儿子表示同意，于是这件事便交给了他，因为哥哥实在太忙了。

几天后，一个漂亮的年轻女人走进了布朗的家，说是来照顾他的人，布朗第一次见她就很喜欢，便同意了。就这样，这个女人就在布朗的家里住了下来，就像个女主人一样，其他人都称她乔伊。

一天晚上，布朗睡着后，乔伊悄悄起来，来到布朗的房间，蹑手蹑脚地掀开布朗卧室墙上的一幅

智慧百宝箱

保险柜有很多种，每一种保险柜都有其国家标准。依据不同的密码工作原理，防盗保险柜又分为机械保险柜和电子保险柜两种。早期的保险柜大部分都是机械保险柜。电子保险柜是将电子密码、IC卡等智能控制方式的电子锁应用到保险柜中，比较方便。

油画，这幅画后面有个拨号盘，原来这是布朗的保险柜。保险柜里放着布朗的遗嘱，还有房产等重要文件。可是，乔伊试了好几次，都没有成功。最后她只好放弃，回到自己的床上。

乔伊躺在床上想：布朗这么大年纪了，记忆力越来越差，他也会怕自己把密码忘了，所以他一定是将密码记在某个本子上或写在哪里了，而且这个地方一定是比较显眼，方便找到的地方。于是，乔伊在布朗睡着的时候，曾多次翻看他的口袋、抽屉，但是都没有收获。

几天以后，布朗心情很好，让乔伊晚饭时陪他喝几杯，所以乔伊去准备酒。乔伊觉得这是个好机会，于是便在酒里下了安眠药，布朗喝了几杯之后，便睡着了。乔伊再次来到布朗的房间，掀开那幅油画，一遍遍地试密码，将0到9的数字组合试了无数个，还是没成功。眼看着天就要亮了，乔伊不得不暂时放弃，转身刚要走，她看到旁边的一个小闹钟，"咦，这里放个闹钟干吗啊？"乔伊不禁有些奇怪，"时间怎么是停止的，8点24分19秒，难道这是密码，可这是5个数字啊，应该是六位才对……天啊，我知道了！"乔伊按照自己的推理，真的打开了保险箱，随后她打电话给布朗的二儿子说："亲爱的，我拿到了。"原来，乔伊是布朗二儿子的人，二儿子特意派她到父亲身边偷取家产。

那么，保险柜的密码到底是什么呢？

真相大白

密码是202419，时间是8点24分19秒，82419少一位数，所以乔伊想到应该是20点。

血之谜案

　　警方对一起杀人案件现场进行了勘查，发现现场留有罪犯的血迹。可能是被害人与之搏斗时，受伤留下的。

　　警方在对此案调查了三天后，确定了一名嫌疑犯。但在警方前往逮捕时，这名嫌犯已不知去向。

那么，警方要想通过案发现场遗留的血迹来判断逃走的嫌疑犯是不是真凶，该采取何种办法？

真相大白

将案发现场遗留下的血迹与嫌疑犯父亲的血液分别进行 DNA 检验，只要确定两者是父子关系，那么便可以确定真凶了。

真假宝贝

"李二哥，给我来 10 个猪肉馅包子。"

"哟，王五，今天起的挺早啊，怎么，发财了，平时你都不超过 3 个包子的?"卖包子的李二哥笑着说。

"嘿嘿，李二哥，还真让你说着了，我王五就要发大财了。"说着，王五拍了拍带在身上的一个大包裹。

李二哥对于王五说的话并没有在意，谁都知道王五平时不着调，前一天说发财，第二天可能就穷得吃不起饭了。

王五是镇上出了名的懒人，平时游手好闲，从不干活，整天净想着天上掉馅饼的事。没钱的时候就去坑蒙拐骗，有了钱就大手大脚地花，不一会儿就能花光。要是这种人能发大财，老天爷真是不长眼了。

吃完包子，王五爽快地扔下几枚铜钱，大摇大摆地朝西街走去。李二哥看着王五的背影，笑着摇了摇头。

王五走到西街的一家当铺前，抱着大包裹，走了进去。

"王五，今天来又要当什么碗啊、罐啊?"当铺的小伙计开着玩笑。

智慧百宝箱

地球上银的含量是多少?

银在地壳中的含量很少，仅占 0.07ppm，在自然界中有单质的自然银存在，但主要是化合物的状态。

王五正色道："哼！不长眼，等我发财了，我送你几马车的盆和罐。"说着，王五把手中的包裹放到了柜台上，然后里一层外一层地把布包解开，解到最后，拿出了一个闪亮的烛台。王五得意地看着小伙计，见他张大嘴惊讶的表情，笑着说："呵呵，我看你嘴再大点，都能吃了它了。"

小伙计回过神，然后仔细地看了看烛台，接着问王五："我说王五哥，这不会是纯银的吧。你从哪儿弄来的？"

王五对小伙计翻了个白眼，佯装生气地说："这可是我花大价钱得来的，当然是纯银的，你还敢怀疑。你就快给我说说这能当多少钱，你家的价要是不行，我好去下一家，不在你这里耽误工夫了。"

小伙计见王五认真的模样，也正经起来。他拿起银烛台，仔细地看着。小伙计觉得这个银烛台很值钱，但是他又不敢定下价钱，虽然掌柜的说可以自己拿主意，但是对于这种大价钱的东西他不敢怠慢。万一出了差错，他干一辈子也还不起呀。琢磨了半天，小伙子最终还是决定把掌柜的请来，让他再看看。

王五等得有些不耐烦了，大声说："我说你能不能快点，要是不行我就换地儿，净耽误工夫。"

小伙计满脸歉意地说："王五哥你再等一下，我去把掌柜找来，这么大的东西我一个小伙计不敢做主，麻烦你再稍等片刻。"

小伙计把掌柜找出来了，掌柜姓张名言，祖上就是开当铺的，一直延续至今，如今掌柜已经60有余了。掌柜出来，看见柜台上的银烛台，打量了一番。然后，他又拿起烛台，

看了看下面的底座，盯着看了一会儿，接着放下来。

"你这个烛台是从哪儿得来的？"掌柜问王五。

王五见老掌柜问自己，便也不再隐瞒："昨天早上，我在镇口遇到一伙人，他们身上带了好多包裹，不像是本镇的人。他们坐在茶摊前，一边喝茶，一边唠嗑。我听着，像是议论什么挖宝贝的事。然后我就坐在他们旁边听，听了半天我才知道，原来他们身上的包裹里都是刚刚从一个山洞里挖出来的宝贝。说那个山洞里的宝贝是50年前猖狂一时的神偷留下的，也不知道他们从哪儿得来的消息，然后就找到了传说中的山洞。接着，真就让他们挖到了宝贝。他们说宝贝太多了，离他们家的路途还很遥远，于是商量着要不要卖掉一些，价格低点也没关系。我一听，不错呀，然后我就把这几个月干长工赚的钱都给了他们，买了这个银烛台。我刚看见这个烛台的时候，也很惊讶，心想真是个宝贝啊，亮的闪人眼！"

掌柜听完王五的叙述，把烛台递给他，说：

"烛台你拿走吧，根本不值几个钱，这是假的。"

王五不服气地说："你要是不想给高价钱就直说，居然还说我的东西是假的。那天我拿钱买这个烛台的时候，茶馆老板都看见了，难道你以为我在撒谎？"

掌柜笑着说："呵呵，王五啊，平时你总骗别人，没想到也有被人骗的一天。我可以告诉你，这个烛台是假的，你被人糊弄了，从那些外乡人的话中，你就应该知道这个东西是假的！"

你知道掌柜是怎么从外乡人的话中看出烛台是假的吗？

真相大白

如果烛台是银的，被埋在山洞里这么多年，它的表面一定会氧化成黑色，而不会是闪亮的银色。

座位的安排

在一次民族联欢会上，来自四个民族的五位代表被安排坐一张圆桌。为了使各位代表坐下后彼此间都能交谈，服务员在安排座位前就预先了解到各

位代表掌握的语言情况：

甲是汉族人，还会说蒙古语；

乙是藏族人，还会说维吾尔语；

丙是蒙古族人，还会说藏语；

丁是维吾尔族人，还会说汉语；

戊是藏族人，还会说壮语。

服务员根据了解到的情况，很快把每个人的座位都安排好了。

请问，你认为他是怎样安排的？

真相大白

　　五个人中懂壮语的只有戊，他没法用壮语跟其他人交谈。因为他是藏族人，所以他必须坐在两个懂藏语的人中间，即乙和丙中间。其他两个人的位置就好确定了，即汉族人甲坐在蒙古族人丙的右边，维吾尔族人丁坐在藏族人乙的左边。

被迷惑的强盗

晚上，打扮得十分漂亮的梅恩来到了一幢城堡里。这是梅恩朋友的家，今天是平安夜，朋友在自家的城堡里举办了一场舞会。

"哦，我亲爱的朋友，你今天真是漂亮极了！"朋友看见梅恩，热情地过来迎接。

梅恩羞涩一笑，抱了抱朋友，说："亲爱的，你也很漂亮！"

朋友把梅恩带进舞会大厅，然后把一杯威士忌递给她："我还要去迎接其他客人，你先自己玩一会儿，这些都是我的朋友，你可以和他们一起跳舞。"

梅恩点点头，然后自己在场内逛着。

"您好，这位美丽的女士，可不可以请您跳一支舞?"一位看上去很绅士的男人站到梅恩面前，弯腰向梅恩做出邀请。

梅恩喜欢跳舞，正好有人来邀请自己，于是便欣然接受了。

绅士牵着梅恩进入了舞池。他们一边跳，一天聊着天。

"小姐，您今天真是漂亮极了，无论是您的衣服和发型，还是这耀眼的项链，都非常衬托您的气质。如果今晚要选出一位最美丽的女士，我想一定非您莫属。"绅士夸赞着梅恩。

梅恩羞红了脸，她看着绅士说："谢谢您的夸奖。"

"还没请教您的芳名?"

"我叫梅恩。"

"很适合您的一个名字，我叫拉蒂。"拉蒂做了自我介绍。然后他看着梅恩，没有说话，只是与梅恩认真地跳着舞。

梅恩被他打量得脸更红了，最后只能找些话题来转移注意力。

"拉蒂先生是做什么工作的?"

拉蒂笑着说:"我是做市场营销工作的,梅恩小姐是做什么的呢?"

"我是一名护士。"

"怪不得梅恩小姐看上去这么温柔。"拉蒂用赞赏的目光看着梅恩。梅恩虽然没有过多表示,心里却更加地喜欢这个拉蒂了。

晚上11点,舞会结束了,梅恩也该回家了。朋友想开车送她回去,但梅恩拒绝了。她知道朋友很累,所以她决定自己打车回去。

梅恩站在路边,想打车回去,可是等了一会儿,也没见一辆车。于是,她决定自己走回去,反正路也不是很远。

深夜的马路上很安静,虽然有明亮的月光陪着梅恩,但是她的心里还是有一点点害怕,总觉得像是有什么人在跟着她。梅恩加快脚步,想快点回到家。正当她走到拐弯处时,突然一个人跑出来拦住了她的去路。那个人蒙着面,手里还拿着一把刀,梅恩知道，她遇上强盗了。

蒙面人开口道："把你值钱的东西都掏出来，快点。"这是一个男人的声音，虽然他故意压着嗓子说话，但是梅恩还是从他的声音中听出了一些熟悉感。

梅恩把手包里的钱包掏出来递过去："我只有这么多，今天出门没带什么钱。"

蒙面人用刀指了指梅恩脖子上的项链说："把脖

子上的项链摘下来。"梅恩挣扎了一下，还是赶紧摘了下来，扔到了地上。

蒙面人弯腰捡项链的时候，梅恩认出了他。梅恩认识蒙面人手上的戒指，和舞会上拉蒂戴的一模一样。怪不得在跳舞的时候，那个拉蒂总是打量自己，还经常盯着自己的脖子。

梅恩没有揭穿蒙面人，而是在蒙面人站起来时，撩起耳边的头发，紧张地摸着耳朵。

梅恩看着蒙面人紧张地说："我，我可以走了吗？"

蒙面人说："别急，把你耳朵上的耳环也摘下来。"

梅恩一副被看穿的样子，摇着头说："这个不值钱的！"

蒙面人扔掉手中的项链，用刀指着梅恩，恶狠狠地说："别废话，差点让你糊弄过去，赶紧摘耳环。"

被威胁的梅恩慢腾腾地摘下耳环丢给了蒙面人。蒙面人拿到耳环后，恶狠狠地"哼"了一声，转身走了。

梅恩见蒙面人走远了，赶紧捡起地上的项链，一副很高兴的样子。随后，梅恩来到警察局，报了案。

你知道为什么梅恩被抢了耳环，还很高兴吗？

真相大白

因为耳环不值钱，项链才很珍贵。梅恩让强盗看见自己很紧张耳环的样子，就是为了把强盗的注意力转移到不值钱的耳环上。

逃跑之谜

　　H 城是一个依山傍水的旅游城市，近几年，H城依靠旅游业迅速发展，几年前还是一个小镇，现在已经是一个拥有十几万人口的城市了。

　　在 H 城的东部河畔有一家珠宝行，这家珠宝行的生意还算不错。可是昨天晚上 12 点，这家珠宝行发生了盗窃案，丢失了许多珠宝。小偷在临走时不小心碰到了珠宝店里的报警装置，这个报警装置被碰触后，会在 5 分钟以后响铃。听到报警铃声的店铺老板立刻报了警。

　　接到报警的张警官立刻赶往现场进行调查取证。在现场，他看到一把钳子，根据指纹验证，这把钳子是附近修理厂员工李强的，即使不是他的，也说明他跟这把钳子有关。于是，张警官和手下来到李强所在的修理厂，找到李强并进行问话：

"李强，这把钳子是你的吧?"

"嗯，是我的，我早上上班一直在找它，它怎么会在你们手里?"李强很自然地就承认了钳子是自己的。

"你知道附近的珠宝行昨天晚上发生了一起盗窃案吧?"

"哦，是的，我知道，那家珠宝行很出名，昨天被盗大家都知道，早上大家还在讨论这件事呢!"

"这把钳子就是盗窃现场找到的，你怎么

解释呢？"

"警官，一定是有人故意拿了我的钳子去作案，我不知道他是出于什么目的，是顺手拿的，还是故意诬陷我，反正这件案子与我无关，警官你要相信我。"

"那好吧，告诉我你昨天晚上 12 点到 2 点这段时间在哪里？和谁在一起？在干什么？"

"我昨天一直在修理厂加班，因为我负责的一辆车一直修不好，而且车主今天早上就要来取车，所以我自己留下来修那辆讨厌的车，一直修到了 12 点。本来打算回家睡觉，可是突然接到朋友王鹏的

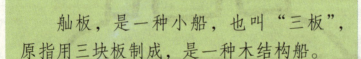

智慧百宝箱

舢板，是一种小船，也叫"三板"，原指用三块板制成，是一种木结构船。

电话，让我去他们家陪他喝酒，他近来生意不顺，心情不好，我就去了，一直喝到2点多才回家。不信，你们可以去找王鹏问问。"李强说得理直气壮。

"王鹏家住在哪里？"

"他家住在河对面，过了河就到了。"

张警官带人找到了王鹏，结果他和李强说的一模一样。尽管这样，李强只有12点半到2点的不在场证明，可是事发是在12点，李强在12点到12点半这段时间，没有不在场的证明，所以他的嫌疑还是不能解除。从珠宝行到王鹏家开车需要绕过大半个河畔，至少也得45分钟，所以这种可能性不存在。但如果李强是乘汽艇过去的呢？

张警官立刻找到河畔两岸的居民，都说没有听到汽艇的马达声。深夜垂钓的人也说没有听到任何声音，也没看到什么人。也有可能李强是划舢板或小船过去的，就不会有声音了。可是水是自西向东流的，从珠宝行的方向到王鹏家的方向是从东向西，划舢板或小船都是逆水，半小时之内不可能到。张警官询问巡逻人员时，都说他们傍晚巡逻时并没有看到岸边停有舢板或者小船。那么这种可能也被排除了。难道李强真的是无辜的？张警官犯了难。

刚刚外出归来的张警官坐在自己的办公桌前，再次思索整个案情，看是否有自己遗漏的地方。这时他看到自己桌上有一本杂志，杂志封面上是一个人在冲浪。突然他明白了，案发当天夜里，是东风，风速每秒是5米，而且当天是上弦月，没有月亮。张警官命人立刻逮捕李强，因为李强就是盗窃珠宝的贼。

张警官是怎么确定罪犯就是李强的呢？

真相大白

李强当晚乘帆板从珠宝行逃到王鹏家，虽然是逆水，但帆板可以借助风力前进，半个小时足以到达。因为当天晚上没有月亮，所以不会被人看见。

无形的标志

一伙绑匪把某富翁的爱子绑架了，并向其索要五万美元的现金。

尽管警方预先在绑匪取赎金的地方设下埋伏，但由于罪犯手段特别高明，还是把赎金取走了。于是，案情陷于停滞状态。

直到两年半后，一名绑匪拿着赎金中的一张钞票去加油站加油时，才被警方逮捕。那么，警方在钞票上做了何种标志，且一直没被匪徒发现呢？

真相大白

警方将钞票上的号码记下来作为线索，当然不会被匪徒发现了。但靠这条线索逮捕罪犯是需要一段时间的。

背后的双眼

在温罗公馆的花园里，正举办着一场盛大的宴会，举办者是温罗先生，安拉城最富有的人。来参加宴会的，也都是社会知名人士，其中不乏一些政界和商界名流。正当人们觥筹交错，聊得兴致勃勃的时候，温罗先生上台讲话了。

温罗先生走到台上，清了清嗓子，对着麦克风开始讲话："感谢各位来参加这次宴会，今天举办宴会的目的主要是为了公布一件事情。从今天开始，我将正式退休，下面的公司和企业将由……"

"砰"的一声枪响，还没有说完话的温罗先生中枪倒地，鲜血从他的胸口汩汩地流出来。

"啊……"台下的人群瞬间慌乱起来，花园里满是惊恐的尖叫声，人们慌乱地四处奔跑。

　　"大家不要慌，镇定下来，不要慌，全都站在原地。"一个人突然大声呼喊。在连续喊了几声之后，慌乱的人群终于被安抚了下来。

　　这时一个人走到台上，查看了一下温罗先生的尸体。他站起来，转身面对人群，用麦克风对大家说："大家先不要慌，我是警察克鲁。因为这里已经成为案发的第一现场，所以现在，需要大家配合一下，待在原地不要动。"台下的人们纷纷点头，表示愿意配合。

　　克鲁随后就给警局打了电话，派了凶案小组来进行调查。克鲁再次蹲下查看了下温罗先生的尸体，发现他是从背后中的枪。克鲁站在温罗先生原来站的地方，转身朝背后的方向看去。映入眼帘的只有温罗公馆的房子，并没有其他可以隐藏人的地方。那就证明，凶手可能是从房子里瞄准了温罗先生，然后开了枪。

　　克鲁又仔细观察了一番，发现正对着温罗先生背后的，只有一扇窗户，那里正好是温罗的女儿，凯莉的房间。克鲁发现凯莉并没有参加宴会，因此他询问了温罗的妻子，她此刻伤心欲绝，但还是回答说凯莉不久前生了一场大病，病愈后眼睛却失明了，从那以后，就不太见人了。她说完，又捂着脸哭了起来。

克鲁来到凯莉房间，发现凯莉正坐在沙发里，手里抱着一个毛绒玩具，眼睛却看向窗外。

听见有人进来，凯莉并没有转移视线，而是轻轻地问道："是谁?"

克鲁走到她的面前，发现她的眼睛没有焦距，克鲁说道："你好，我是警察克鲁。"

凯莉一听是警

察，有些紧张地问："哦，你好，请问发生了什么事吗？"

"刚刚你的父亲被枪杀了，我过来调查一下。"

凯莉苍白的脸上露出震惊的表情，不可置信地问道："怎么可能，他刚刚还在举办宴会的。"说完，就流下了眼泪。

克鲁扫视了一圈凯莉的房间，然后说："我可以

搜查一下你的房间吗?"

凯莉抹着眼泪,哭着说:"好的。"

克鲁走到窗口,发现上面摆着一把手枪和一个老虎钳。看来凶手果然是从这里开的枪。他看向凯莉,问道:"你的窗台上为什么会有一把枪?"

"枪?怎么会呢,这怎么可能?"凯莉伤心地摇着头。

克鲁接着问:"而且还有一个老虎钳,你知道吗?"

凯莉摇摇头说:"不知道,也许是佣人修完窗户忘在了那里。因为我看不见,所以我不知道那里有什么东西。"

"刚刚的一段时间内,你有没有听到有什么人进过你的房间?"

"刚刚我在睡觉,没有感觉什么人进来。"

克鲁站在窗前,看向花园里的案发现场。到底是谁向温罗先生开了枪呢?

就在克鲁思考的时候,有个年轻人闯了进来,手下拦也拦不住。

克鲁认识他，是温罗先生的儿子迈瑞。

迈瑞向凯莉大声喊："是你杀了爸爸对不对，一定是你，你和你那邪恶的妈妈！你们知道爸爸把公司和财产都交给我，所以嫉妒了，是你们杀了他。"

凯莉哭得更厉害了，这时温罗夫人也进来了，她抱着凯莉哭着说："不是我们，你有什么证据能证明呢？刚才我和你在一起，而凯莉她根本看不见！"

智慧百宝箱

各国都有哪些著名的手枪?

各国人心中都有各自引以为傲的手枪。美国人将M1911视为传奇；中国人则将毛瑟M1896(驳壳枪)作为英雄的象征；德国军人将卢格P08看做荣誉。而在全世界射击游戏爱好者眼中，沙漠之鹰是威力的终极体现。

克鲁看看他们，他似乎明白了一些。现在的温罗夫人是温罗的第二任妻子，而迈瑞是第一任妻子生的，与凯莉同父异母。难道真的是为了争夺财产而引发的血案吗？

克鲁又看了看窗台上的枪和老虎钳，皱着眉思索着。过了一会儿，克鲁好像想到了什么。他戴上手套，然后一手握住老虎钳，一手把枪拿了起来，接着，他把枪夹在了老虎钳上，然后又把老虎钳摆在了窗台上，不停地摆弄着。经过一番调整，最后他把老虎钳摆在了一个位置上。从摆放的位置向花园望去，枪口正好对着原来温罗先生的背后。

克鲁笑了笑，谜题已经解开了，最后只需再证明一件事。

克鲁去倒了一杯水，然后走到温罗夫人面前，他把水杯递给她，对她说："别激动，喝点水吧！"

温罗夫人流着泪，点了点头，右手接过水杯，她喝完又把水杯递给了凯莉。克鲁盯着凯莉的右手，他发现在她右手的虎口处有伤痕。

克鲁这下明白了，他对凯莉说："凯莉小姐，你还是老实交代吧，为什么杀了你的父亲。"

凯莉紧张地握紧了母亲的手说："您也因为迈瑞说的话就怀疑我吗？我没有杀人，我只是一个瞎子，怎么可能开枪呢？"

克鲁严肃地说："他说的话只是一个参考，并不能成为证据。你手上的伤痕就是开枪时留下的吧，我说得对吗，凯莉小姐，还有温罗夫人？"

你知道眼睛失明的凯莉是如何开枪杀人的吗？

真相大白

凯莉的母亲是她的帮手。她只要事先用老虎钳夹住枪，并将枪对准温罗先生讲话的讲台，当凯莉听见声音后就可以射杀温罗先生了。

蒸发了的文件

　　某大型房地产集团正在筹备一个项目，想在海滨未开发之地建一个别墅区。这个项目的利益很诱人，如果哪个建筑公司能够将此项目拿下，丰厚的利润将是建造一栋 30 层高的普通居民楼的上百倍。所以该集团寻找合作单位的消息一经发布，大大小小的建筑公司都看着这块大肥肉红了眼。

琼斯是一家建筑公司的总经理，董事长将争夺此项目的重任交给了他。接到任务的琼斯经过一番计划之后，带着自己的助理维克多来到了该集团的办公大楼。集团负责此项目的经理要琼斯到办公室里详谈，但是这个经理有个习惯，他希望和琼斯单独谈，让助理维克多在接待室等一下，他不喜欢很多人进入自己的办公室。琼斯觉得没什么，就同意了。

当琼斯和集团经理谈项目的时候，维克多被安

智慧百宝箱

毛玻璃表面不光滑，不平整，光线通过毛玻璃被反射后向四面八方射出去，折射到视网膜上已经是不完整的像，所以就看不清毛玻璃后的实物了。

排在一个小休息室里等待。休息室四面都是毛玻璃，既显得室内宽敞，又不透明，装修很是大方得体。休息室的右边是机密文件管理室，这个房间不是任何人都可以进的，只有公司高层和文件管理人员可以进入，以防文件丢失或集团商业机密泄露。文件管理室的右边是秘书室，这里有两个秘书，有一个这周请了病假，一直没有上班，只剩下一个男秘书，名叫罗斯。秘书室和文件管理室也是一面毛玻璃相隔。

办公室里琼斯和集团经理谈得正顺利的时候，突然文件管理室的负责人珊迪闯进了经理办公室，焦急地说：

"不好了，经理，我们的机密文件不见了。"

"慢慢说，珊迪，到底什么不见了？哪一份机密文件？"

"就是我们现在这个项目的所有机密文件，我五分钟之前将它们放在一个密封袋里，放进了库里，还锁上了，可是我忘记了把钥匙拔下来，就去了卫生间，也就三分钟的时间，回来就不见了，钥匙放在了桌子上。"

"你确定不见了，会不会被其他的密封袋压在了下面?"

"不可能，我在密封袋的外面写上了此次项目的名称，为了方便以后查找。"

"那有没有什么人接近过文件管理室呢?"

"有，经理，就是琼斯先生的助理维克多，他就坐在文件管理室左边的休息室里，一定是他看见了我往库里存放写有此项目名称的文件袋，所以趁我去卫生间的时候，用钥匙打开了库门，偷走了文件。"

在没有证据的情况下，琼斯不会允许任何人随意侮辱他的人。于是，他和集团经理立刻来到了文件管理室。他看到这挨着的几个房间都是毛玻璃相隔，他站在休息室里，往文件管理室看，除了近处的几个大柜子可以看出轮廓以外，再远一点的根本看不清。

"珊迪小姐，从这里隔着毛玻璃根本看不清文

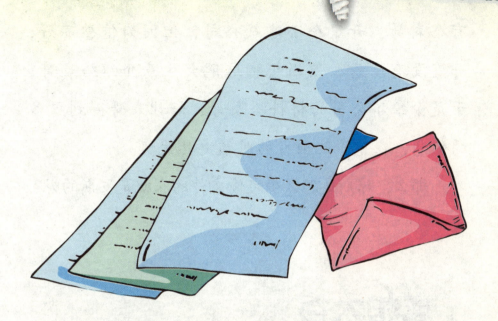

件管理室的内部，更别说是要看清密封袋上面的字了。"琼斯解释说。

但是珊迪小姐还是怀疑维克多。站在一旁的维克多表情很无辜，他歉疚地看着琼斯。这时，琼斯仔细看了看这几面毛玻璃，是一样材质的。可当他摸到秘书室和文件管理室相隔的毛玻璃时，他就知道偷走文件的是谁了。

"文件现在在你的秘书手里，你还是问问他吧。"琼斯对集团经理说道。

经调查，文件果然在秘书罗斯那里，原来罗斯有个表哥，开了个小建筑公司，但因为信誉不好，一直没有生意，罗斯想把这笔大生意介绍给表哥，于是偷拿了公司的材料给表哥，好让表哥得到更多的信息，在竞争此项目的时候更具优势。

那么，琼斯是怎么确定偷文件的人就是罗斯的呢？

真相大白

因为琼斯在文件管理室和秘书室相隔的毛玻璃上摸到了透明胶布的痕迹，毛玻璃的不光滑面贴上透明胶以后就变得平整光滑，可以在视网膜上呈现完整的像，从而看到里面的东西。所以是秘书罗斯干的。

"忘恩负义"的仆人

　　钟声响了十二下，已经是深夜12点了，别墅里一片寂静。大家都睡了，连家里的小动物都已经进入了梦乡。就在这时，五六个身影闪进了别墅里，机警的猎犬刚叫了一声就没了动静，接着倒在了地上，一个人影随后跟着那几个人进入了别墅。

　　进到别墅里，那几个人便分开来，分别闯入各个房间内，紧接着，一阵阵惊叫声传来。当时钟走到12点半的时候，别墅的大厅里聚集了很多人。别墅的主人亨利先生，亨利夫人和儿子，以及一些仆人，都站在大厅里。借着微弱的烛光，他们看见七个凶神恶煞的人站在面前，手里都拿着尖利的刀。

　　一个像是头目的人对亨利说："把装财宝的仓

库的钥匙给我。"

亨利先生看着他，没出声，也没有任何动作，显然是不想配合交出钥匙。要知道，家里所有值钱的东西都在仓库里，如果交出钥匙，那就什么都没有了。

强盗见亨利先生不给钥匙，很生气，一脚踹上他的肚子。亨利一下子被踹倒在地上，亨利夫人尖叫着去扶地上的亨利。一个矮个子的强盗狠狠地说："不许叫，不然杀了你！"亨利夫人强忍着疼痛，跪在地上默默地哭。

强盗头子对手下使了一个眼色，接着几个强盗从包里拿出绳子，把人全都绑了起来，按坐在地上。

"赶快把钥匙交出来，不然，我就一个一个把你们杀掉。"强盗头子威胁着。

一个名叫艾丽的女仆见强盗狠戾的脸色，觉得事情很危险，于是，她站了起来。"我是这里的女仆，我知道仓库的钥匙在哪里。"艾丽是别墅里资格最老的女仆，平时也是由她打理着仓库。

亨利满脸痛苦之色，愤愤地看向艾丽，然后大声吼道："你，你这个忘恩负义的家伙，平时枉我们对你这么好，居然出卖我。"

强盗头子蹲下来，用手拍了拍亨利的脸，笑着说："呵呵，要钱不要命。你应该感谢她，要是她不说，你现在就是一具尸体了。"说完，站起来走到艾丽身边，给她松了绑，让她去取钥匙。

拿到钥匙的艾丽，领强盗来到了仓库里。艾丽点上蜡烛，照亮了仓库。强盗们看见仓库里一箱一

智慧百宝箱

如何清除衣服上的蜡油?

用刀片先刮去衣服表面的蜡质，然后再将衣服放平，有蜡油的一面朝上，上下两面都垫上一张吸附纸，用熨斗反复熨，然后再用热水洗就可以去除了。

箱的财宝，已经乐得闭不上嘴了。他们让艾丽拿着蜡烛在后面给他们照亮，然后拿着袋子开始往里面装财宝。艾丽紧挨在他们身后，凑上去为他们照亮。

强盗们拿到财宝后就跑了，没有为难别墅里的人。艾丽给大家松了绑，然后和亨利说自己去报案。

亨利生气地说："哼，现在显什么好心，财宝都被抢走了，等你报上案，也抓不到他们了。现在你就给我走，我不想再看见你。"

艾丽并没有和亨利争吵，而是直接去报了案。当天蒙蒙亮的时候，艾丽回来了，身后还跟着一些警察。

亨利见艾丽回来，厌恶地说："你怎么又回来了，我不是说让你走吗？"

艾丽解释道："主人，我也是为了大家的安全才交出了钥匙。不过您不用伤心，歹徒已经抓到了，您的财宝还在。"

亨利不敢相信："真的吗？怎么会这么快就能抓到那伙强盗？"

警长说："这还多亏了艾丽小姐，她在强盗的衣服上做了记号，根据这些记号，我们才抓住了他们。"

你知道艾丽是怎样在强盗的衣服上做了记号吗？

真相大白

艾丽在为强盗照亮的时候，把蜡烛的蜡油滴在了强盗的衣服上。

图书在版编目（CIP）数据

凭空消失的凶手 / 崔钟雷编著. -- 北京：知识出版社，2014.10
（赢在最强大脑）
ISBN 978-7-5015-8227-3

Ⅰ. ①凭…　Ⅱ. ①崔…　Ⅲ. ①智力游戏 – 青少年读物
Ⅳ. ①G898.2

中国版本图书馆 CIP 数据核字(2014)第 217840 号

赢在最强大脑——凭空消失的凶手

出 版 人	姜钦云
责任编辑	周玄
装帧设计	稻草人工作室
出版发行	知识出版社
地　　址	北京市西城区阜成门北大街 17 号
邮　　编	100037
电　　话	010-88390659
印　　刷	北京一鑫印务有限责任公司
开　　本	889mm×1194mm　1/16
印　　张	8
字　　数	40 千字
版　　次	2014 年 10 月第 1 版
印　　次	2020 年 2 月第 3 次印刷
书　　号	ISBN 978-7-5015-8227-3
定　　价	28.00 元